OBSERVATION

Le présent Mémoire comprend :

1° LES CONCLUSIONS DE L'APPELANT ;

2° LA COPIE DU DISPOSITIF DU JUGEMENT DONT EST APPEL ;

3° LE BREVET NOIROT (EN ENTIER) ;

4° LE BREVET GÉRARD (PAR EXTRAITS) ;

Et 5° LES NOTES EXPLICATIVES SUR LA SIMILITUDE DES DEUX BREVETS.

COUR IMPÉRIALE
DE PARIS

Deuxième Chambre

Audience du jeudi

M. PUISSAN
PRÉSIDENT

CONCLUSIONS

POUR

M. VAVASSEUR

Appelant : M⁰ VACHER

CONTRE

1° **M. NOIROT**
2° **M. BOUCLEY**
3° **Mᵐᵉ Vᵛᵉ RIBERT**

Intimés : M⁰ COEURÉ

PLAISE A LA COUR :

Statuant sur l'appel interjeté par M. Vavasseur d'un jugement rendu par le Tribunal civil de la Seine, le 5 décembre 1868, enregistré ;

EN FAIT : Attendu que Noirot a pris un brevet d'invention, à la date du 6 mars 1861, pour un *nouveau procédé de fabrication de tubes en caoutchouc* ;

Que, dans le mémoire descriptif, il dit en termes formels que ce procédé consiste à se servir pour cette fabrication « *d'un appareil de son invention* » dont les dessins sont donnés ; de telle sorte que, dans la pensée de Noirot, l'invention tout entière repose dans l'appareil qu'il décrit ;

Qu'en effet, dans la seconde partie de son mémoire descriptif, il énonce chacune des pièces dont la réunion compose l'appareil ;

Qu'après cette description, il indique, il est vrai, comment il utilise son appareil en le plaçant entre *les deux cylindres* employés dans toutes les fabriques de caoutchouc et comment il y introduit le caoutchouc, mais que cette partie du mémoire descriptif, en réglant l'emploi de l'appareil d'une façon usuelle, ne rattache nullement ce mode d'emploi à l'invention restée tout entière dans l'appareil lui-même ;

Attendu que l'appareil ainsi décrit ne pouvait être valablement breveté, puisque sa composition repose uniquement sur l'emploi de *filières* et de *mandrins* tombés depuis longtemps dans le domaine public pour la fabrication des tubes en caoutchouc sans soudures, notamment à la suite de la description qui en a été faite dans un brevet pris par Gérard, le 6 novembre 1851 ;

Attendu, en effet, que le Tribunal a reconnu dans son jugement :

1° Que le brevet Gérard et le brevet Noirot tendent au même but : « produire des tuyaux en caoutchouc sans soudures ; »

2° Que l'emploi de la filière et des mandrins pour cette fabrication ne pouvait « constituer une invention brevetable. »

Que la conséquence forcée de cette décision devait être l'annulation du brevet Noirot et que cependant, le Tribunal en a prononcé la validité, en constatant, pour lui donner la valeur d'une invention brevetable, les avantages suivants :

I. L'état de préparation du caoutchouc *avant la fabrication*;

II. Le moyen à l'aide duquel il est *introduit dans la filière*;

III. *L'état de rigidité* du caoutchouc à la sortie de la filière;

IV. La *longueur* PRESQUE INDÉFINIE *des tubes fabriqués*;

Mais, attendu que le Tribunal ne pouvait ainsi rattacher la validité d'un brevet à l'existence de certains avantages plus ou moins problématiques que l'inventeur n'a pas eu pour but de rechercher pour les faire breveter;

Que, d'ailleurs, non-seulement Noirot a reduit sa demande de brevet à la construction de l'appareil, abstraction faite de certaines indications professionnelles, mais qu'il a eu soin encore d'indiquer avec précision les seuls avantages industriels qu'il avait recherchés, lesquels, au nombre de huit, *se résument tous dans la suppression des frais de main-d'œuvres*;

Qu'il y aurait donc lieu d'écarter tout ce qui est étranger à la composition de l'appareil, et que c'est à tort que les premiers juges ont puisé dans cette discussion les éléments de leur décision;

Attendu, en outre, que si l'on suit les raisons admises par le Tribunal, il est facile de montrer qu'elles reposent sur de fausses appréciations et sur des erreurs matérielles, qu'ainsi :

I. — EN CE QUI CONCERNE L'ÉTAT DU CAOUTCHOUC AVANT LA FABRICATION,

Attendu que le jugement signale que « le brevet Gérard emploie le
» caoutchouc à l'état pâteux obtenu par les dissolvants, tandis que Noirot
» n'emploie pas le caoutchouc à cet état pâteux; qu'il lui suffit de le

» chauffer et de le rendre malléable, » alors que le brevet Noirot ne relève pas cette différence ;

Que, loin de là, ce brevet s'exprime ainsi : « La gomme étant échauffée » et travaillée de la manière ordinaire... » si bien que tous les procédés de préparation connus et usuellement employés étant admis par Noirot, c'est à tort que le Tribunal lui a accordé un droit de privilége à cet égard ;

Qu'au surplus, dans le *Dictionnaire de Chimie industrielle* de Barreswil et Aimé Girard, p. 414, publié en 1861, se trouve décrit l'emploi du caoutchouc à l'état chaud, tel que l'indique le Tribunal ;

II. — EN CE QUI CONCERNE L'INTRODUCTION DU CAOUTCHOUC DANS LA FILIÈRE

Attendu que le Tribunal relève ce fait, que Gérard fait cette introduction à « l'aide d'une presse, alors que Noirot la produit à l'aide des » cylindres qui agissent sur une petite quantité à la fois et d'une manière » continue ; »

Mais attendu que Noirot, qui n'a pas relevé dans son brevet ce prétendu avantage, reconnaît seulement que les cylindres agissent par *pression*, ce qui ne constitue pas un *résultat industriel* différent, résultat industriel nécessaire à l'existence d'un brevet lorsqu'il s'agit d'une simple différence d'agencement mécanique ;

Attendu, enfin, que l'emploi des cylindres, comme celui de la presse, sont dans le domaine public et affectés spécialement à la fabrication du caoutchouc, et que, dès lors, ils ne peuvent, à aucun point de vue, motiver la validité du brevet ;

Que le Tribunal semble trouver, en outre, un avantage au procédé Noirot, en ce que les cylindres agissent sur une petite quantité à la fois et d'une manière continue, alors que la pression est discontinue chez Gérard et doit être renouvelée au bout de la course du piston ;

Attendu, en premier lieu, que rien de cela n'est signalé dans le brevet Noirot, et que, en second lieu, considérée industriellement, la pression par cylindre entraîne avec elle une main-d'œuvre plus considérable, en raison de l'introduction du caoutchouc, qui doit se faire de minute en minute et en raison du degré de chaleur auquel il doit être maintenu ; que ces inconvénients disparaissent par l'emploi de la presse, avec laquelle on obtient d'ailleurs la continuité au moyen de deux pistons agissant alternativement;

III. — EN CE QUI TOUCHE LA RIGIDITÉ,

Attendu que le Tribunal a fait ici une double erreur matérielle, en disant, d'une part, que « dans le procédé Gérard le caoutchouc devait » être rendu *rigide* au moyen d'eau introduite dans les tubes, ayant pour » effet d'empêcher l'adhérence des parois intérieures ; »

Et, d'autre part, que « le caoutchouc ainsi introduit (par le procédé » Noirot) sort par la filière autour du mandrin dans un état de *rigidité* » qui permet, etc. ; »

Attendu, en effet, en premier lieu, que Gérard n'a pas indiqué que l'eau ait eu pour résultat la sortie des tubes à *l'état rigide*, l'eau n'ayant d'autre utilité que d'éviter la déformation des tuyaux en s'opposant à l'adhérence des parois intérieures, de même que le talc est employé dans ce but par Noirot ;

En second lieu, que Noirot ne peut obtenir des tubes *rigides* (c'est-à-dire *raides* comme un tube en fer), par la raison que la nature du caoutchouc, qui est d'être souple et élastique, s'y oppose ;

Que pour obtenir la rigidité nécessaire pour arriver à la vulcanisation (opération qui consiste à donner au caoutchouc une élasticité constante, quelle que soit la variation de la température), Noirot déclare dans son brevet qu'il met les tuyaux sur des *tringles*, procédé également décrit par Gérard ;

Qu'il est évident qu'en allant moins loin que le Tribunal dans ses énonciations Noirot a voulu éviter seulement la déformation et que le talc substitué à l'eau est un procédé décrit par le chimiste Payen dans son ouvrage de *Chimie industrielle*, publié antérieurement au brevet Noirot ;

IV. — EN CE QUI CONCERNE LA LONGUEUR DES TUBES,

Attendu que cet avantage n'est ni indiqué ni revendiqué par Noirot ;

Attendu, du reste, que le Tribunal commet ici une *double erreur matérielle* ;

Qu'en effet, il n'est pas exact de dire que Noirot obtient des tubes d'une longueur *presque indéfinie*, puisque les tringles de fer qu'il emploie pour les recevoir ont une longueur forcément réduite ;

Et qu'il est aussi inexact de dire que Gérard n'obtient des tubes que d'une petite longueur, puisqu'il explique dans son brevet qu'il a remplacé les tringles par l'eau pour obtenir des tubes qu'il dit être d'une « *longueur pour ainsi dire infinie* », de telle sorte que le Tribunal attribue à Noirot un avantage obtenu réellement par Gérard ;

Attendu qu'il résulte bien de toutes ces explications que le Tribunal s'est mépris à la fois sur le véritable objet du brevet de Noirot et sur les résultats industriels que celui-ci a voulu breveter ;

Attendu, enfin, que si l'on ramène le brevet aux seuls avantages que Noirot a déclaré qu'il réalisait par sa prétendue invention, et qui reposent tous *sur des économies de main-d'œuvre*, on reconnaît que les mêmes avantages sont complétement obtenus par le brevet Gérard, *ce qui rend absolue l'identité des deux systèmes Gérard et Noirot* ;

EN DROIT : Attendu qu'aux termes de l'article 30 de la loi du 5 juillet 1844 est nul et de nul effet le brevet délivré dans le cas où la découverte, l'invention ou l'application n'est pas nouvelle ;

Attendu qu'il résulte de ce qui précède qu'il n'y a eu, de la part de Noirot, ni *découverte*, ni *invention* NOUVELLE ; qu'il n'y a pas eu davantage *application* NOUVELLE d'une invention ancienne ;

Qu'ainsi, en fait et en droit, la demande en nullité de brevet formée par Vavasseur doit être déclarée recevable ;

PAR CES MOTIFS,

Recevoir Vavasseur appelant du jugement susénoncé ;

Ce faisant, et émendant, le décharger des dispositions et condamnations contre lui prononcées ;

Et statuant à nouveau,

Lui adjuger les conclusions par lui prises en première instance ;

En conséquence, déclarer nul et de nul effet le brevet d'invention obtenu par le sieur Noirot le 6 mars 1861, comme s'appliquant à un procédé connu et breveté depuis longtemps et ne pouvant, par suite, faire l'objet d'un brevet ;

Déclarer nulles et de nul effet la vente et cession dudit brevet faite à Vavasseur, par acte reçu par M⁰ Courot et son collègue, notaires à Paris, le 29 juillet 1864, enregistré ;

En conséquence, condamner les intimés, conjointement et solidairement, à payer à Vavasseur la somme de cinq cents francs, restitution du prix de cession ;

Prononcer l'annulation des conventions verbales visées au jugement susénoncé et décharger Vavasseur des obbligations et charges qui lui sont imposées par icelles, comme conséquences de l'acquisition du brevet ;

Et, sous la même solidarité, condamner les intimés à payer par toutes les voies de droit à M. Vavasseur une somme de trente mille francs pour l'indemniser des dépenses d'outillage, de perfectionnement et autres qu'il a apportées dans l'exploitation dudit brevet, sans préjudice de tous autres dommages-intérêts ;

Ordonner la restitution de l'amende et condamner les intimés en tous les dépens de première instance et d'appel, dont distraction, en ce qui le concerne, à M⁰ Vacher, avoué, qui la requiert, aux offres de droit ;

Sous toutes réserves ;

Et la Cour fera justice.

PAYEN,
Avocat à la Cour impériale.

A. VACHER,
Avoué.

COPIE DU DISPOSITIF

Du Jugement rendu par la 3ᵉ Chambre du Tribunal civil de la Seine le 5 décembre 1868

LE TRIBUNAL,

Ouï en leurs conclusions et plaidoiries Payen, avocat, assisté de Audouin, avoué de Vavasseur; Morellet, avocat, assisté de Adam, avoué de Noirot, Boucley et veuve Ribert;

Le ministère public entendu, après en avoir délibéré, conformément à la loi, jugeant en premier ressort;

Attendu que Vavasseur, pour repousser la demande que Noirot a formée contre lui en exécution des obligations auxquelles il s'est engagé par l'acquisition d'un brevet d'invention que Noirot lui a cédé, demande la nullité dudit brevet, se fondant sur ce que le procédé pour lequel il a été obtenu serait tombé dans le domaine public;

Qu'il prétend qu'antérieurement au brevet de Noirot il existait un brevet pris par un sieur Gérard dont le brevet Noirot ne serait que la reproduction;

Attendu que pour apprécier la valeur de cette prétention il faut comparer le brevet pris par Gérard, le 6 novembre 1851, à celui pris par Noirot, le 6 mars 1861;

Que ces deux brevets tendent au même but : PRODUIRE DES TUYAUX EN CAOUTCHOUC SANS SOUDURES ; que, quoique le but soit le même, il importe

— 12 —

de rechercher les *similitudes* et les *différences* des moyens employés par chacun des deux inventeurs ;

Attendu que, dans l'une comme dans l'autre inventions, on se sert de *filière* et de *mandrin*, employés par des industries de toute sorte ; *que l'emploi de ces moyens* NE POUVAIT DONC CONSTITUER UNE INVENTION BREVETABLE ;

Qu'il faut examiner les procédés à l'aide desquels Gérard introduit le caoutchouc dans la filière.

Que dans le brevet Gérard le caoutchouc devait être employé à l'état pâteux obtenu par des dissolvants ; que l'introduction dans la filière autour du mandrin s'en opérait par une presse ;

Que le caoutchouc devait ensuite être rendu rigide au moyen d'eau introduite dans les tubes, ayant pour effet d'empêcher l'adhérence des parois intérieures ;

Que ce procédé mettait obstacle à ce qu'on pût donner aux tuyaux une longueur d'une certaine étendue, le mode de pression étant discontinu et devant être renouvelé dès qu'on avait atteint le bout de la course de l'instrument destiné à introduire le caoutchouc dans la filière ;

Attendu que, dans le *brevet Noirot*, les moyens par lui indiqués sont différents : *qu'il n'emploie pas le caoutchouc à l'état pâteux obtenu avec des dissolvants, qu'il suffit que le caoutchouc soit chauffé et rendu ainsi malléable ;*

Que son introduction dans la filière autour du mandrin s'opère *non plus par une presse*, comme dans le brevet Gérard, mais *à l'aide de cylindres qui agissent sur une petite quantité à la fois d'une manière continue ;*

Que le caoutchouc ainsi introduit sort par la filière autour du mandrin dans un état de rigidité qui permet d'obtenir une longueur PRESQUE INDÉFINIE, sans qu'on soit forcé d'employer, comme dans le brevet Gérard, des agents destinés à ramener le caoutchouc à l'état rigide avant d'en opérer la vulcanisation ;

Attendu qu'il existe dans le procédé, tel qu'il est décrit dans le brevet Noirot, des modifications importantes à la fabrication des tubes en caoutchouc, qui permettent de les livrer au commerce dans les meilleures conditions;

Qu'il n'est donc pas exact de soutenir que le procédé Noirot n'est que la reproduction du brevet Gérard, et que c'est à tort que Vavasseur demande la nullité du brevet qui lui a été cédé parce qu'il serait tombé dans le domaine public;

Par ces motifs :

Déclare Vavasseur mal fondé dans sa demande, l'en déboute et le condamne aux dépens.

DEMANDE

d'un

BREVET D'INVENTION DE 15 ANS

pour

Un nouveau procédé de fabrication des Tubes en caoutchouc

par

M. NOIROT, Jules-Jean-Baptiste

Fabricant de caoutchouc, rue de La Rochefoucaud, 30, à Paris

MÉMOIRE DESCRIPTIF

Ce procédé consiste à se servir pour la fabrication des tubes en caoutchouc *d'un appareil de mon invention dont les dessins sont ci-joints*.

Cet appareil est coulé en un seul morceau de fonte douce ; il se compose de deux quarts de cercle A, réunis par le bas, en B, et par les côtés C, de manière à laisser vide la partie supérieure D ; les côtés C, sur une largeur de 4 à 5 centimètres, avancent de 1 centimètre sur le corps de l'appareil E ; au-dessous, à 4 ou 5 centimètres, il existe une traverse F qui ferme l'appareil dans le bas ; cette traverse est percée de *filières* G de différentes grosseurs ; elle est reliée à l'appareil par des entretoises H placées entre chaque filière.

Des *mandrins* I fixés dans la base de l'appareil correspondent à chaque filière et la ferment, de manière qu'il n'y ait plus qu'un anneau entre le mandrin et le tour de la filière.

Les mandrins, traversant la base de l'appareil, arrivent jusqu'à sa partie vide intérieure; ils sont percés dans toute leur longueur d'un trou et fixée avec des goupilles J.

Placé entre *les deux cylindres*, cet appareil reste immobile pendant que les cylindres tournent.

La gomme étant travaillée et échauffée de la manière ordinaire, je l'introduis en L, entre les cylindres et l'appareil; la rotation des cylindres la fait descendre aux entretoises taillées en couteau H; elle s'y divise et arrive jusqu'à la barre inférieure F, qui lui ferme le passage. La *pression continuant*, elle se répand sur cette barre et trouve son issue par les filières qui y sont pratiquées; comme ces filières sont garnies de leurs mandrins, la gomme en sortant a pris la forme tubulaire et la garde.

Il n'y a plus alors qu'à mettre les tubes obtenus sur des tringles, à les entourer de toile et à les vulcaniser.

Pendant l'opération, du talc placé dans l'intérieur de l'appareil D glisse par les trous des mandrins et tombe dans les tubes au fur et à mesure qu'ils se font.

Les avantages de l'emploi de cet *appareil* sont : 1° de produire des tubes sans soudure; 2° *de supprimer toute la main-d'œuvre que nécessite la fabrication ordinaire des tubes*, depuis le moment où sont tirées au cylindre les feuilles avec lesquelles on veut les faire, jusqu'à celui où on les met sur tringles.

Cette *main-d'œuvre supprimée* consiste en huit opérations : 1° talquer la feuille; 2° dresser un côté; 3° tracer; 4° couper une lanière; 5° la rouler sur elle-même; 6° la chauffer de chaque côté; 7° la souder; 8° frapper la soudure. Toutes ces opérations demandent le plus grand soin et sont d'une réussite incertaine.

Ayant ainsi décrit la nature de mon invention, je revendique l'exploitation exclusive de mon procédé de fabrication de tubes en caoutchouc sans soudure.

Paris, le 6 mars 1861.

NOIROT.

COPIE (PAR EXTRAITS)

DU

BREVET de GERARD

DU 6 NOVEMBRE 1851

(c'est-à-dire *antérieur de dix ans* à celui de Noirot) pour un
« procédé du travail du caoutchouc ».

(*Observation*. Après avoir décrit les différentes applications auxquelles son procédé donne lieu, Gérard décrit ci-après l'application spéciale à la *fabrication des tuyaux en caoutchouc sans soudures*.)

Les tuyaux (en caoutchouc) ne peuvent non plus se faire avec les moules bons pour le macaroni, ainsi que je l'avais pensé et indiqué dans mon premier brevet. Il faut, de même que pour le fil, une FILIÈRE ou moule d'une forme particulière ; cette filière se compose d'une pièce percée d'un trou long cylindrique de la grosseur extérieure du tuyau que l'on veut produire ; dans le milieu de ce trou est ajustée une tige servant de MANDRIN, et donnant la grosseur intérieure du tuyau, l'espace compris entre ces deux pièces donne l'épaisseur du tuyau. La longueur de cette partie cylindrique doit être, comme pour les gros fils, d'au moins dix centimètres, afin que la pâte y soit comprimée assez longtemps pour ne pas se déformer en sortant. *Je reçois les tuyaux à leur sortie sur des* TRINGLES RIGIDES D'ACIER, *sur lesquelles on les laisse sécher* ; *ce moyen a l'inconvénient de ne pas permettre d'avoir des tuyaux d'une très-grande longueur*, et est d'une exécution délicate ; j'ai trouvé un moyen qui permet d'obtenir facilement des tuyaux *d'une longueur pour ainsi dire indéfinie* ; je me sers toujours de la même pièce dont je viens de parler, seulement avec le changement suivant :

La tige servant de mandrin à l'intérieur du tuyau, au lieu d'être pleine, est percée dans sa longueur, et ce trou vient communiquer à l'extérieur, par la partie du haut de la filière, avec un robinet se reliant par un tuyau à un petit réservoir contenant de l'eau ; *l'on met en pression la pâte*, le tuyau commence alors à sortir ; quand il a atteint une longueur de deux centimètres environ, on arrête la pression et on pince le tuyau à son extrémité ; il se trouve par conséquent ressoudé et fermé ; *on remet la pression sur la pâte* et l'on ouvre le robinet du réservoir d'eau ; le tuyau recommence à sortir et se trouve rempli d'eau à mesure qu'il s'allonge ; il est reçu sur une toile sans fin portant une rigole ayant la forme d'un demi-cylindre creux.

Quand on trouve le tuyau assez long, on le serre entre les doigts auprès de la filière de manière à le faire se souder, et l'eau s'y trouve ainsi emprisonnée ; *elle empêche la partie supérieure du tuyau de s'aplatir, et par suite de se coller sur la partie inférieure contenue dans la rigole* ; on laisse sécher complétement en cet état avant de laisser sortir l'eau. »

. . . .
. . . .
. . . .

Je réclame donc un brevet de quinze ans pour mes nouveaux procédés et perfectionnements apportés dans le travail du caoutchouc détaillés ci-dessus et consistant : . . . .
. . . .

dans la fabrication de tuyaux de caoutchouc sans soudure, et dans les procédés et outils, détaillés ci-dessus, propres à faire ces tuyaux.
. . . .
. . . .

Fait à Grenelle, le 6 novembre 1851.

Signé : G. GERARD.

OBSERVATIONS

Dans l'intérêt de M. VAVASSEUR, *sur la* comparaison *à établir entre le brevet pris par* M. NOIROT, *à la date du* **6 mars 1861**, *pour un* « Nouveau procédé de fabrication de tubes en caoutchouc » *et le brevet pris par* M. GÉRARD *pour un* « Procédé du travail du caoutchouc », *à la date du* **6 novembre 1851**, *au point de vue de* SIMILITUDE *de produits et de moyens de fabrication.*

I

On appelle *filière* un morceau de métal quelconque, percé d'un trou rond ; on nomme *mandrin* une tige cylindrique, également en métal, qui se place au centre du trou de la filière.

Le diamètre du mandrin est toujours plus petit que le diamètre de la filière ; entre eux il subsiste toujours un espace annulaire.

Ces diamètres peuvent varier à l'infini.

Le diamètre du mandrin doit constituer le diamètre intérieur du tuyau. — Le diamètre de la filière en constitue le diamètre extérieur.

La différence de ces diamètres en constitue l'épaisseur.

Pour fabriquer les tuyaux de plomb, depuis longtemps on se sert des appareils ci-dessus, c'est-à-dire du mandrin et de la filière, et voici comment on opère :

Dans un récipient fermé de toutes parts, d'une forme *quelconque*, portant à sa partie inférieure une filière garnie de son mandrin, on introduit du plomb. On chauffe le récipient jusqu'à ce que le métal arrive à l'état pâteux, point intermédiaire entre la forme solide et la forme liquide.

On comprime à l'aide d'une vis, d'un piston, d'*un moyen quelconque*, le plomb, et comme ce dernier est renfermé dans un récipient, il ne peut sortir qu'à travers l'espace annulaire ménagé entre le mandrin et la filière, épousant exactement la forme de cet espace, sans discontinuité, sans soudure aucune; autrement dit cette sortie a lieu à l'état de tube.

Le récipient peut être d'une *capacité indéfinie*, et par suite on peut faire des tubes en plomb sans soudure et d'une *longueur indéfinie*.

Ce mode de fabrication, qui ne s'appliquait qu'aux métaux, a été employé par M. Gérard à la confection des tubes en caoutchouc.

M. Gérard a pris un brevet pour cette application du mode de fabrication des tubes en métal au mode de fabrication de tubes en caoutchouc.

Ce brevet avait sa raison d'être; il s'agissait d'un procédé connu, mais employé à des produits très-distincts, non employés aux mêmes usages, et ne pouvant être susceptibles de se concurrencer.

On a vu ci-dessus la description du brevet Gérard.

Ainsi : un *mandrin* et une *filière* placés dans la paroi d'un récipient quelconque.

Dans ce récipient, du caoutchouc semi-liquide, semi-pâteux, que l'on comprime soit à l'aide d'un piston, soit à l'aide d'une vis, *soit à l'aide d'un moyen quelconque*.

Le caoutchouc, ne trouvant d'autre issue que l'espace annulaire, s'échappe par cet orifice à l'état de tube.

C'est donc identiquement le principe de la fabrication des tubes en plomb.

Comme le tube en caoutchouc, à la sortie de la filière, pourrait se déformer, M. Gérard a eu l'heureuse idée de percer le mandrin d'un trou au centre et dans toute la longueur.

Ce trou communique, par un tube armé d'un robinet, à un réservoir plein d'eau.

Au commencement de l'opération, on ouvre le robinet; l'eau s'écoule à travers le mandrin, garnit et remplit l'intérieur du tube en caoutchouc au fur et à mesure de sa fabrication, et empêche ainsi sa déformation.

En résumé, M. Gérard revendique pour la fabrication des tubes en caoutchouc sans soudure *l'application de la filière et du mandrin*.

Dans son brevet, il décrit bien un mode de pression, mais il indique que le *même effet peut être obtenu par tout autre mode*.

La pression était secondaire dans son esprit, car il n'y a pas là prise à brevet. Tout individu peut comprimer, *à l'aide d'un moyen quelconque, dans un récipient quelconque, une matière quelconque*.

Ceci posé, examinons le brevet Noirot. Nous lisons la description d'un récipient armé d'une *filière* et d'un *mandrin*; nous voyons, *à l'aide d'une pression*, le récipient une fois rempli de caoutchouc, la matière obligée de sortir à travers un mandrin et une filière, sous forme de tube.

C'est tout le principe de M. Gérard; c'est le principe de la fabrication des tubes en plomb.

Ici le *mandrin est aussi percé d'un trou dans toute sa longueur*. Seulement, au lieu de faire passer de l'*eau* pour empêcher la déformation des tubes, on fait passer du *talc*.

Ainsi, le procédé Noirot est une copie absolue du procédé Gérard.

Ni M. Noirot ni M. Gérard ne revendiquent le mode de pression; dans l'esprit de chacun d'eux, c'est secondaire.

M. Gérard décrit la vis armée d'un piston; mais il ajoute que tous autres modes de pression peuvent être employés.

En résumé, l'appareil breveté se compose : 1° d'un récipient; 2° d'une filière; 3° d'un mandrin; 4° du trou à travers le mandrin.

L'invention de M. Noirot est donc la copie fidèle ou de l'invention de M. Gérard, ou des principes connus de tous.

II

Examinons maintenant les motifs qui ont amené le Tribunal à valider le brevet Noirot, en faisant ressortir de prétendus avantages *qui n'ont pas été revendiqués par Noirot.*

Le Tribunal reconnaît d'abord :

1° L'identité du produit industriel;

2° L'idendité des organes de production.

Mais il ajoute :

« Que l'emploi de *filières* et de *mandrins*, employés par des industries » de toute sorte, ne pouvait constituer une invention brevetable. »

L'erreur est palpable, car la majeure partie des brevets repose sur l'application d'un procédé ou d'un moyen connu à une industrie nouvelle.

Gérard, ayant le premier appliqué la filière et le mandrin à la fabrication du caoutchouc, a donc pris un brevet valable.

La conséquence de ce point de départ inexact conduit le Tribunal à rechercher des différences plus ou moins grandes entre le procédé Gérard et le procédé Noirot pour valider ce dernier.

On peut les résumer ainsi :

1° Etat de préparation du caoutchouc avant la fabrication;

2° Moyens à l'aide desquels il est introduit dans la filière;

3° Etat de rigidité du caoutchouc à la sortie de la filière;

4° Longueur presque indéfinie des tubes fabriqués.

Nous remarquons d'abord que le texte du brevet Noirot est non-seulement muet sur ces avantages, mais encore que ces prétendus avantages sont contraires au texte lui-même.

1° *Etat de préparation du caoutchouc avant la fabrication.* — Cet état est ainsi formulé dans le brevet :

« *La gomme étant échauffée et travaillée de la manière* ORDINAIRE, *je l'introduis...* » C'est donc à tort que le tribunal cherche une différence où Noirot n'en signale pas.

Il est vrai que Gérard indique l'emploi de la pâte à froid.

Il est encore vrai que Noirot emploie la pâte à chaud ; mais l'un et l'autre modes sont la manière ordinaire.

En effet, le *Dictionnaire de Chimie industrielle* de Barreswil et Aimé Girard, publié en 1861, contient, page 414, la description d'un procédé de fabrication de tubes en caoutchouc au moyen de la filière en employant la pâte à chaud.

Voici cette description :

« Nous sommes arrivés à faire des feuilles et des tubes sans fin : le caoutchouc
» après avoir été nettoyé, épuré, est travaillé de façon à rendre sa masse bien homo-
» gène. En cet état, il passe dans les cylindres lamineurs chauffés à 115 degrés envi-
» ron, marchant avec assez de lenteur pour permettre à la feuille de caoutchouc qui
» passe entre eux de se recuire et de conserver la forme que le laminage des cylin-
» dres lui imprime. — Au lieu de cylindres, on peut se servir d'une presse très-puis-
» sante pour faire sortir par une filière à tubes chauffée à 115 degrés le caoutchouc
» qui, se recuisant à son passage comme dans les cylindres, conserve la forme de l'o-
» rifice par lequel il sort. »

Ajoutons que toutes les usines sans exception sont obligées pour les besoins mêmes de la fabrication d'employer le caoutchouc soit à chaud, soit à froid.

2° *Moyens à l'aide desquels le caoutchouc est introduit dans la filière.* Le

jugement dit à cet égard : « Que son introduction dans la filière autour du
» mandrin s'opère, non plus par une presse, comme dans le brevet Gé-
» rard, mais à l'aide de cylindres qui agissent sur une petite quantité à
» la fois d'une manière continue. »

Nous lisons dans le brevet Noirot :

« *La gomme étant travaillée et échauffée de la manière ordinaire, je l'in-*
» *troduis entre le cylindre et l'appareil; la rotation des cylindres la fait des-*
» *cendre jusqu'à la barre inférieure, qui lui ferme le passage. La* PRESSION *con-*
» *tinuant, elle se répand sur cette barre et trouve son issue par les filières.* »

Ainsi, Noirot se sert des cylindres *comme d'une presse;* il remplace un mode de pression par un autre, sans en dire le motif, sans en faire valoir les avantages.

C'est dans une note produite dans le cours de l'instance devant les premiers juges que se manifestent pour la première fois les avantages, qui consisteraient en ce que :

« Les cylindres agissent sur une petite quantité à la fois d'une manière continue. »

Remarquons d'abord que dans la citation ci-dessus, page 414, *Dictionnaire industriel* de Barcswil et Aimé Girard, il est dit que pour faire des feuilles et des tubes sans fin on peut, « au lieu de cylindres, se servir
» d'une presse très-puissante »; l'emploi du cylindre n'est donc pas nouveau.

Examinons maintenant les prétendus avantages, qui n'ont pas été revendiqués.

En effet, les cylindres agissent sur une petite quantité à la fois, d'une manière continue, mais à la condition expresse qu'on entretient *continuellement* la petite quantité sur laquelle ils agissent.

Et voici comment on opère :

Une paire de cylindres est employée à chauffer continuellement le caoutchouc que l'on sert au laminoir à tubes morceau par morceau, bouchées par bouchées, si l'on peut s'exprimer ainsi, et ce, de minute en minute. Un homme est employé à chauffer, un autre à alimenter la filière, un troisième à mettre les tubes sur tringles au fur et à mesure qu'ils se font. La vitesse de la production est de 100 mètres par heure.

Avec la presse à vis, au contraire, aucune manutention. On place sous le piston un récipient contenant 57 kilogrammes de caoutchouc en pâte (capacité du récipient adopté par Gérard et qu'on peut augmenter); en réduisant la production aux proportions de celle obtenue par les cylindres, on peut marcher pendant sept heures de suite sans interruption, sans arrêt, sans main-d'œuvre aucune, et obtenir un tube de 700 mètres de longueur d'un seul bout avant que le piston soit à fond de course.

Ce tube aura 8 millimètres intérieurs sur 12 millimètres extérieurs, type adopté par les appareilleurs à gaz.

C'est donc à tort que le jugement dit :

« Que l'emploi de la presse à vis est discontinu, et que par suite on ne
» peut obtenir que de petites longueurs. »

L'économie de main-d'œuvre et la continuité de production sont incontestablement acquises à ce mode de pression.

Reprenons le jugement et examinons les autres avantages dont le brevet Noirot ne parle pas.

3° *Etat de rigidité du caoutchouc au sortir de la filière.*

4° *Longueur presque indéfinie des tubes fabriqués.*

Nous lisons à propos du brevet Gérard :

« Que le caoutchouc devait être rendu rigide au moyen d'eau introduite
» dans les tubes, ayant pour effet d'empêcher l'adhésion des parois inté-
» rieures.

» Que ce procédé mettait obstacle à ce qu'on pût donner aux tuyaux
» une longueur d'une certaine étendue, le mode de pression étant discon-
» tinu et devant être renouvelé dès qu'on aurait atteint le bout de la course
» de l'instrument destiné à introduire le caoutchouc dans la filière. »

Nous lisons d'autre part à propos du brevet Noirot :

« Que le caoutchouc ainsi introduit (par la pression des cylindres) sort
» par la filière autour du mandrin dans un état de rigidité qui permet
» d'obtenir une longueur presque indéfinie, sans qu'on soit forcé d'em-
» ployer, comme dans le brevet Gérard, des agents destinés à ramener le
» caoutchouc à l'état rigide avant d'en opérer la vulcanisation. »

Nous n'avons à combattre ici que des erreurs matérielles dont le texte des brevets fait justice.

Premièrement. — L'eau n'a jamais servi dans le brevet Gérard à rendre le caoutchouc rigide ; son emploi se résume en deux résultats :

1° Remplacer la tringle en fer qu'on met dans les tubes ;

2° Mettre obstacle à la détormation des tubes en empêchant les parois internes de se coller.

En effet, je lis dans le brevet Gérard :

« Je reçois les tuyaux à leur sortie sur des tringles rigides d'acier, sur
» lesquelles on les laisse sécher. Ce moyen a l'inconvénient de ne pas
» permettre d'avoir des tuyaux d'une très-grande longueur et est d'une
» exécution délicate ; j'ai trouvé un moyen qui permet d'obtenir facile-
» ment des tuyaux d'une longueur pour ainsi dire infinie. Je me sers tou-
» jours de la même pièce dont je viens de parler (filière et mandrin), seu-
» lement avec le changement suivant :

» La tige servant de mandrin à l'intérieur du tube, au lieu d'être
» pleine, est percée dans toute sa longueur, et ce trou vient communi-
» quer à l'extérieur par la partie du haut de la filière à un robinet se
» reliant par un tuyau à un petit réservoir contenant de l'eau. L'on met

» en pression la pâte ; le tuyau commence alors à sortir ; quand on a at-
» teint une longueur de deux centimètres environ, on arrête la pression
» et on pince le tuyau à son extrémité ; il se trouve, par conséquent, res-
» soudé et fermé ; on remet la pression sur la pâte et l'on ouvre le robi-
» net du réservoir d'eau ; le tuyau recommence à sortir et se trouve rem-
» pli d'eau à mesure qu'il s'allonge ; il est reçu sur une toile sans fin
» portant une rigole ayant la forme d'un demi-cylindre creux. »

» Quand on trouve le tuyau assez long, on le serre entre les doigts au-
» près de la filière de manière à le faire se souder, et l'eau s'y trouve em-
» prisonnée ; elle empêche la partie supérieure du tuyau de s'aplatir,
» et par suite de se coller sur la partie inférieure contenue dans la rigole ;
» on laisse sécher complétement en cet état avant de laisser sortir l'eau. »

Noirot remplace l'eau par le talc pour empêcher l'adhésion ; mais il conserve l'emploi de la tringle, le talc n'étant pas assez fluide pour remplir le double but réalisé par l'eau.

Nous lisons dans son brevet :

« Pendant l'opération, du talc placé dans l'intérieur de l'appareil glisse
» par les trous des mandrins et tombe dans les tubes au fur et à mesure
» qu'ils se font. »

L'eau et le talc sont employés indifféremment pour empêcher l'adhérence.

En effet, nous lisons dans la *Chimie industrielle* de Payen, page 161 :

« Si l'on veut obtenir isolément la feuille de caoutchouc, on la fait
» passer, au sortir du laminoir chaud, dans un bain d'eau froide, puis,
» au delà, on l'enroule sur un dévidoir ; au lieu d'eau, pour éviter l'adhé-
» rence, on peut saupoudrer sur ses deux faces du talc en poudre (silicate
» de magnésie). »

Deuxièmement. — Le caoutchouc ne sort pas rigide de la filière par le procédé Noirot, puisqu'il est obligé d'introduire dans les tubes une tige de fer.

En effet, nous lisons dans le brevet Noirot :

« La gomme, en sortant, a pris la forme tubulaire et la garde ; il n'y a plus alors qu'à mettre les tubes obtenus *sur des tringles*, à les entourer de toile et à les vulcaniser. »

Troisièmement — Noirot ne peut obtenir que des tubes d'une petite longueur.

Car ces tubes ne peuvent être plus longs que les tiges en fer qui les remplissent, dont la longueur est limitée par la longueur de la chaudière dans laquelle s'opère la vulcanisation à vase clos.

Quatrièmement. — Gérard, au contraire, en supprimant la tige de fer, qu'il remplace par l'eau, obtient des tubes d'une *longueur indéfinie*, ainsi qu'il résulte du texte même de son brevet ci-dessus relaté.

En résumé :

Non-seulement le brevet Noirot ne renferme aucun des prétendus avantages signalés par le Tribunal et puisés en dehors du texte même du brevet Noirot ;

Mais encore on voit que le Tribunal a attribué au procédé Noirot des avantages qui en réalité appartiennent au procédé Gérard, ainsi que nous l'avons démontré.

VAVASSEUR.

LAVRIL,
Ingénieur civil.

www.ingramcontent.com/pod-product-compliance
Lightning Source LLC
Chambersburg PA
CBHW060919050426
42453CB00010B/1816